AF312784

LE
FRÈRE HELLOUIN

NOTES BIOGRAPHIQUES

La sagesse de l'homme luit sur son visage.
(Ecclés. VIII, 1.)

Son vêtement, le ris de ses lèvres, sa démarche, font connaître ce qu'il est.
(Ecclés. XIX. 27.)

DÉPOT LÉGAL
Haute-Loire
N° 9
1886

BRIOUDE
IMPRIMERIE WATEL ET ALLEZARD
—
1886

27n
689

LE
FRÈRE HELLOUIN

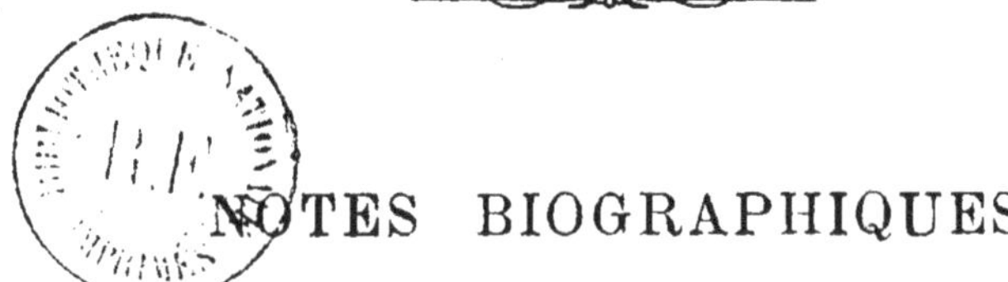

NOTES BIOGRAPHIQUES

> La sagesse de l'homme luit sur son visage.
> *(Ecclés. VIII, 1.)*
>
> Son vêtement, le ris de ses lèvres, sa
> démarche, font connaître ce qu'il est.
> *(Ecclés. XIX, 27.)*

BRIOUDE
IMPRIMERIE WATEL ET ALLEZARD
—
1886

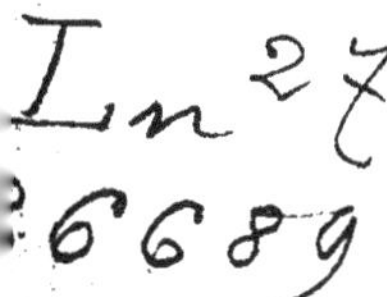

On écrit la vie des hommes illustres pour nous montrer ce qu'ils ont fait pour parvenir à la gloire, ce qu'il faut faire pour les imiter. Mais combien inscriront leur nom dans l'histoire à côté de ceux de César ou d'Alexandre? Combien, comme Laplace ou Coopernic, découvriront les lois qui régissent le monde des étoiles? Combien pourront acquérir la science de Newton, s'élever à l'éloquence de Bossuet, atteindre au génie de Raphaël?

Pourquoi écrit-on si rarement l'histoire de ceux dont le bon exemple est à la portée de tous? Les existences modestes ne sont pas toujours les moins utiles. N'en prenons pour preuve que la vie d'un homme que nous avons tous connu, que nous avons tous aimé. Son souvenir ne s'effacera pas de la mémoire de la génération actuelle, mais il est bon de dire à nos descendants ce que fut celui à qui la reconnaissance de ses élèves et de ses concitoyens éleva dans notre cimetière le Monument dont la reproduction se trouve en tête de ces pages.

Durand Peschaud, qui fut pour nous le Frère
Hellouin, naquit à Celles (Cantal), le 24 août 1812.

De bonne heure il puisa dans une famille patriarcale
les sentiments de foi et d'ardente charité qui devaient
être la règle de toute sa vie.

Dans ce foyer chrétien, la Sainte Vierge était l'objet
d'une vénération toute spéciale. Elle y avait son autel
toujours orné avec goût. C'est là que les dignes parents
du Frère Hellouin, entourés de leurs quatorze enfants,
venaient réciter le chapelet et faire la prière du soir.
C'est là qu'on allumait le cierge béni et qu'on s'agenouillait quand l'orage grondait dans la vallée.

Un des membres de cette nombreuse famille édifie
encore le clergé d'Afrique ; un autre entra aussi dans
l'Institut des Frères des Écoles chrétiennes sous le nom
de Frère Glicère.

Tout jeune encore, celui qui devait être le Frère
Hellouin assistait à l'autel un de ses oncles paternels,
curé de la paroisse. Cet oncle, qui fut son premier
maître, chercha à développer en lui la vocation ecclé-
siastique. C'est dans ce but qu'après sa première
communion on envoya le jeune clerc au petit Séminaire
de Saint-Flour.

Mais le milieu dans lequel il se trouva alors n'était
plus en harmonie avec la patriarcale simplicité dans
laquelle il avait vécu jusqu'à ce jour. La vue des Frères
des Écoles chrétiennes de Saint-Flour fut pour lui une
révélation Dès ce jour, il résolut de se consacrer à
l'éducation des enfants du peuple.

Il entra donc au Noviciat de Clermont-Ferrand le

15 juin 1831. Mais, soit qu'il ait voulu mettre à l'épreuve la fidélité du jeune novice, soit qu'il ait voulu lui faire comprendre la faiblesse de la volonté humaine sans le secours d'En Haut, Dieu permit que le trouble s'élevât dans cette jeune âme qui se prenait à regretter parfois les joies de la famille absente. Lui aussi devait trouver son chemin de Damas. Un jour où, seul, en proie aux pensées qui torturaient son cœur, il passait par un corridor du Noviciat, ses yeux se portèrent sur l'inscription : « *Celui qui, ayant mis la main à la charrue, regarde derrière lui, n'est point propre au royaume des cieux.* » Subitement saisi et éclairé, dès cet instant il se voua tout entier à l'œuvre de sa formation religieuse. Ceux qui ont eu l'honneur d'être admis dans son intimité savent combien lui étaient toujours chers ses souvenirs du Noviciat et quelle joie il éprouvait à redire à ses Frères les enseignements qu'il y avait reçus.

Le Frère Hellouin fut d'abord envoyé à Bourges par ses supérieurs ; puis de là, à Brives.

En 1842, il fut appelé à diriger l'École communale d'Aigueperse. Ici commencèrent à se manifester les éminentes qualités du Directeur, et lorsqu'il fut chargé de venir exercer les mêmes fonctions à Brioude, il laissa derrière lui des regrets unanimes. Quoique bien des années se soient écoulées depuis, son souvenir est toujours vivant. Sa mort a fait couler là-bas plus d'une larme.

C'est en 1849 qu'il vint au milieu de nous. A ce moment, notre École Chrétienne-Communale était loin d'être ce qu'elle devint depuis. Au lieu des cinq classes actuelles, elle n'en comptait que quatre, et le nombre des élèves était encore, proportionnellement, bien plus restreint.

La lecture, l'écriture, l'orthographe et les éléments d'arithmétique étaient, à peu près, les seules connaissances que comportait l'enseignement de cette époque.

En arrivant à Brioude, le Frère Hellouin s'entoura des collaborateurs les plus éminents. Et, se montrant en cela homme de tact et administrateur émérite, il sut surtout se les attacher. Notre population apprécia ses efforts. Elle ne pouvait mieux l'en récompenser qu'en lui confiant l'éducation de ses enfants.

Les élèves affluèrent. Les succès vinrent bientôt. Nous n'en ferons pas l'énumération. Ils sont assez nombreux et assez brillants pour être connus. L'administration universitaire, pour reconnaître et récompenser les services rendus par la bonne direction du Frère Hellouin, lui décerna en 1853, une mention honorable, en 1857 la médaille de bronze, en 1864 la médaille d'argent, et en 1869 les palmes académiques.

Mais, au milieu de tous ces succès, de tous ces encouragements, on retrouvait toujours l'austère religieux plein de modestie. L'orgueil n'avait pas de prise sur cette nature privilégiée. Faire le bien était la seule passion de son âme. Il suivait cette passion.

A l'époque où nous étions assis sur les bancs de l'École, elle était depuis longtemps dans tout son éclat. Non contents de nous donner l'instruction primaire élémentaire, les maîtres les plus instruits et les plus dévoués nous enseignaient aussi les sciences plus spécialement du ressort de l'enseignement secondaire.

De ces maîtres, l'un occupe actuellement une des plus hautes fonctions de l'Institut des Frères; un

autre est encore au milieu de nous et continue l'œuvre
du Frère Hellouin ; un troisième dirige un pensionnat
près du Puy. Qu'il nous soit permis de leur rendre ici
un hommage public de notre respectueux attachement
et de notre profonde gratitude.

Les administrations universitaire et municipale,
fières de l'École de Brioude, encourageaient de leur
mieux le relèvement des études ; et, sans ennuis de ce
côté, le bon Frère Hellouin appliquait tous ses soins à
maintenir la discipline et l'amour du travail parmi les
nombreux élèves qui lui étaient confiés. Il nous semble
le voir encore dans ses interminables promenades dans
les couloirs de la maison ou dans la petite cour qui
précède le jardin. De là il veillait à tout ; c'était comme
son poste d'observation. Un mot de lui, sa seule pré-
sence même, suffisait à calmer l'effervescence de nos
jeunes têtes. Son regard, sévère quand il le fallait,
faisait vite rentrer dans l'ordre les plus turbulents.
Mais aussi, ses encouragements étaient notre plus
enviable récompense, et nul ne sut inspirer une plus
grande déférence pour une aussi paternelle autorité.

Parlerons-nous de sa charité dans les cas nombreux
où l'instruction de l'enfant créait des charges trop
lourdes pour la famille ? Le Frère Hellouin mettait en
pratique le précepte de l'Évangile : « *Que votre main
gauche ignore ce que donne votre main droite.* »

Si plusieurs de ses bienfaits nous sont connus, ils
nous ont été révélés par la reconnaissance. Nous ne
nous permettrons pas de les rapporter.

Son dévouement pour ses élèves ne prenait pas fin à
leur sortie de l'École. Il les suivait dans la vie ; et, en
toute circonstance, il se faisait un devoir de leur être

utile. Les services qu'il a ainsi rendus sont innom-
brables.

Mais l'heure des difficultés arrivait. La politique
devait exercer une influence fatale sur les derniers
jours de cet homme de bien. Ce noble cœur, qui n'avait
jamais compris et enseigné que les pures et sublimes
leçons de la charité chrétienne, n'était point fait pour
la lutte des partis. Aussi, les embarras de plus en plus
nombreux que lui créèrent alors les administrations qui
étaient le mieux en situation d'apprécier la valeur de
l'homme, la supériorité de l'enseignement et l'excellence
des résultats, plongèrent le Frère Hellouin dans une
profonde désolation.

Sa santé s'en ressentit, et celui que les ans avaient
jusque là respecté, s'affaissa rapidement. Ses supérieurs durent le relever de ses fonctions de Directeur ;
mais ils ne l'éloignèrent pas, de cette École de Brioude
qui lui devait tant et dont il restait comme l'aïeul
vénéré.

Alors, entouré de la sollicitude de ses Frères et tout
particulièrement de celle de son successeur, il ne
songea plus qu'à se préparer à paraître devant Dieu.
Jusqu'au jour où la cruelle maladie le cloua sur son lit
de mort, il conserva néanmoins la force de sortir et la
plénitude de ses facultés. Il faisait d'assez fréquentes
promenades et plusieurs fois il nous fut donné de nous
trouver sur son chemin. Le vieillard s'en allait son
chapelet à la main. Tous les fronts se courbaient sur
son passage. Ceux mêmes que les passions politiques
poussaient à combattre son œuvre le saluaient respec-
tueusement. On sentait toute la vénération qu'il
inspirait.

Dieu voulut encore attrister les derniers jours du Frère Hellouin. Vers la fin du mois de mars 1884, il rappela à lui le vénérable abbé Redon, qui depuis trente-huit ans était curé de notre paroisse.

Une grande intimité régnait entre les deux vieillards, intimité bien ancienne que le temps n'avait fait qu'accroître. Jeunes, ils s'étaient fait part de leurs espérances ; ils avaient vécu exerçant presque le même apostolat ; ils se retrouvaient au déclin de la vie, pouvant envisager tout le bien accompli, et ne pensant qu'à celui qui restait encore à faire. Dans les épreuves des dernières années, on avait pu remarquer l'union étroite qui régnait entre le Frère Hellouin et M. le curé Redon. Ce dernier était le confident de ses peines et sa plus grande consolation dans les moments douloureux.

Quand cet ami lui manqua, ce fut un effondrement de tout ce qui lui restait d'énergie et de santé. En vain ses Frères lui prodiguèrent les soins les plus empressés, l'entourant d'une vénération toute filiale ; en vain ses anciens élèves lui donnèrent tous les jours les témoignages les plus sincères et les plus unanimes de leur affection, protestant par leur inébranlable attachement contre toutes les vexations qu'il avait dû subir. Le sourire ne revint plus sur ce visage qui gardait toujours l'empreinte de la bonté. La source de la joie était tarie dans ce cœur tout plein de la charité chrétienne. C'était la fin.

Le samedi 16 août 1884, jour de la distribution des prix, il prit part au repas de midi ; et, à part une certaine tristesse inaccoutumée, rien ne faisait encore prévoir le mal terrible qui, à six heures du soir, l'obligea de s'aliter.

Le médecin appelé en toute hâte essaya de lutter contre la méningite qui venait de se déclarer. Ses efforts devaient être vains.

Cette triste nouvelle s'était répandue avec la rapidité de l'éclair. La population de notre ville accourait s'assurer de la douloureuse réalité. Combien ne devaient plus le revoir !

La journée du dimanche n'apporta aucune amélioration à l'état du Frère Hellouin. La nuit et la matinée du lundi furent très mauvaises. Dans l'après-midi il s'assoupit et sembla dormir. Son réveil fut si calme qu'on crut devoir en profiter pour lui faire recevoir une dernière absolution et le sacrement de l'Extrême-Onction. Dans un moment de providentielle lucidité, il fit à haute voix le signe de la croix, récita l'acte de contrition et put se joindre aux prières du sacrement des mourants.

La journée du mardi fut agitée et très pénible. Vers une heure il s'assoupit de nouveau. On espérait qu'à ce sommeil succéderait, comme la veille, un instant de calme. A son réveil, bien grande fut la déception de la Communauté ; à chaque question le malade répondait invariablement : « Vive Marie ! vive Marie ! » On se rendit à la chapelle. On pria. On revint près de lui. Il reconnut alors Monsieur le Curé et lui tendit la main. On lui parla du Pape. « Ah ! oui, le Pape ! je l'aime bien, » répondit-il. On crut le moment propice pour lui faire recevoir le saint Viatique. A ce seul nom il tressaillit et exprima très nettement le désir de communier. A l'arrivée de Notre-Seigneur dans sa chambre, son beau visage s'illumina et il joignit pieusement les mains. La Communauté était en larmes autour de son lit. Le cher malade suivit très attentivement l'exhortation préparatoire, fit le signe de la croix, se frappa la poitrine et communia.

Dès cet instant, le Frère Hellouin se montra tout embaumé de Dieu. Son délire lui-même s'en ressentit. Quelques instants après ses parents arrivèrent. Il put encore les reconnaître et leur dire quelques mots. Toute la nuit il parla à Notre-Seigneur et à saint Joseph.

Le mercredi, vers quatre heures et demie, après quelques instants de calme, le mal fit subitement des progrès. On commença les prières de la recommandation de l'âme. A six heures, la respiration était forte; le malade n'ouvrait plus les yeux et paraissait ne plus entendre. A huit heures, sans efforts, sans mouvements il s'éteignit dans les bras de ses enfants spirituels.

Le lendemain le corps du Frère Hellouin fut exposé à la vénération de la foule. La mort en glaçant ses traits ne les avait point altérés, à tel point que les tout jeunes élèves baisaient ses mains et son visage. La population tout entière de notre ville vint contempler une dernière fois les traits de celui qui, pendant trente-cinq ans, avait vécu au milieu d'elle. On s'agenouillait devant les restes de celui qu'on appelait « le saint Frère Hellouin. » Plusieurs faisaient toucher des objets de piété.

Les funérailles qui lui furent faites montrèrent toute l'étendue des regrets qu'il laissait après lui. De toutes nos campagnes, les amis et les élèves du Frère Hellouin étaient accourus se joindre à la foule de ceux qui pleuraient et priaient autour de son cercueil; et c'est au milieu du recueillement le plus sympathique et le plus général que sa dépouille mortelle traversa les rues de notre ville pour se rendre à l'église, puis au cimetière.

Sur sa tombe, deux discours furent prononcés, l'un au nom de la population reconnaissante de notre ville, l'autre au nom des anciens élèves. Nous citons ces discours :

DISCOURS DE M. ÉMILE GRENIER

Messieurs,

Il est certains hommes à la mémoire desquels il faut rendre publiquement hommage, non pas parce que leur vie a besoin de louange, mais parce que les sentiments de ceux qui les ont connus, appréciés et aimés, demandent à se faire jour, et qu'on emporterait au cœur une sorte d'oppression s'il fallait quitter la tombe où vont s'abriter leurs restes sans avoir dit un peu de tout le bien qu'on en pense.

Le vénéré Frère Hellouin est de ceux-là. Nous le connaissons tous, nous n'avons rien à apprendre sur son compte, mais c'est une consolation, au milieu des tristesses du départ, que de pouvoir parler hautement des bienfaits de l'absent et de la reconnaissance que l'on en garde.

La vie de ce saint religieux ne serait pas difficile à raconter. Elle n'a qu'une page, à vrai dire, mais une page bien remplie, et c'est au milieu de nous, habitants de Brioude, c'est pour nous qu'elle a été tracée presqu'entièrement.

Né dans la Haute-Auvergne, d'une famille à qui l'Église doit de vaillants champions et la France de bons citoyens, le Frère Hellouin revêtit, à 18 ans, cet humble uniforme sous lequel battent tant de cœurs dévoués, et, à peine adolescent, il s'engagea dans cette modeste carrière, où il ne devait guère connaître d'autres plaisirs que celui de faire le bien.

Ses supérieurs utilisèrent d'abord à Brives, puis à Aigueperse, les précieuses qualités que Dieu lui avait départies pour l'éducation de l'enfance, et, à l'âge de 36 ans, en 1849, il fut placé à la tête de cette École de Brioude, dont il a été l'âme si longtemps et qu'il avait élevée au prix d'efforts incessants, à un niveau exceptionnel parmi les écoles primaires.

Il s'était donné à nous tout entier, et notre ville doit être fière de ce fils d'adoption qui n'a vécu que pour elle. Que de générations d'enfants ont passé par ses mains ! Et tous ont emporté et conserveront au nombre de leurs plus chers souvenirs cette vénérable et douce figure, qui inspirait le respect dès l'abord et sur laquelle rayonnaient la mansuétude et la sérénité d'une belle âme.

Plus d'un élève des premières années, devenu père à son tour, confiait avec joie son enfant à ce maître dévoué, aux mains de qui l'on pouvait remettre, sans crainte, le dépôt de l'autorité paternelle. Il semblait que l'Ecole fut incarnée en lui et qu'il ne dût jamais se séparer de nous. Les années s'écoulaient, mais on le retrouvait toujours tel qu'on l'avait vu l'année précédente, aussi calme, aussi patient, souriant à la tâche, ne paraissant éprouver ni dégoût ni lassitude. Il y avait bien quelques rides, quelques cheveux blancs de plus. La fatigue laissait bien un peu son empreinte sur ses traits vénérés, mais on ne voulait pas s'en apercevoir, et si les soucis devenaient plus nombreux, les inquiétudes plus vives dans ce cœur qui n'était pas fait pour la lutte, on espérait cependant que Dieu laisserait encore longtemps ses forces à la hauteur de son dévouement. Il en avait décidé autrement; il a voulu rappeler à lui son serviteur et la population émue apprenait tout-à-coup qu'après quelques jours de maladie, son vieil et fidèle ami l'avait quittée. Et voici qu'aujourd'hui nous faisons cortège à ses restes qui viennent rejoindre ici ceux du pasteur que nous y conduisions, il y a peu de mois, et qui avait été si souvent pour lui un conseil et un soutien.

Messieurs, regrettons notre cher Frère Hellouin sans trop le plaindre : après une existence entièrement faite d'amour de Dieu et d'abnégation de soi-même, on emporte au tombeau la certitude de la récompense et le sceau de la résurrection.

Le divin Créateur qui a mis dans les âmes la connaissance du bien et du mal, doit assurément quelque chose à ceux dont la vie n'a été qu'un renoncement et un sacrifice continuels en vue du bien. Il s'acquittera largement envers celui dont nous ressentons si douloureusement la perte, et c'est pourquoi nous ne nous séparerons pas de cette tombe sans emporter des pensées consolantes.

Dans la vie du juste, il y a un exemple et un encouragement, et dans sa mort, un exemple.

DISCOURS DE M. FLEURY

Messieurs,

Devant cette tombe qui va se fermer, devant ce cercueil que la terre va bientôt couvrir, qu'il me soit permis au nom des anciens élèves de l'École chrétienne de Brioude, au nom de tous mes camarades, de dire un dernier adieu à celui qui fut pour nous le maître le plus dévoué et l'ami le plus cher.

Vous parler des vertus de ce cher Frère qu'aujourd'hui nous pleurons serait certainement superflu, car, vous tous qui m'environnez, avez été à même d'apprécier sa bonté, son aménité et sa grandeur d'âme.

Vous tous, mes chers camarades, vous pouvez vous rappeler l'intérêt qu'il nous portait et la peine qu'il prenait pour nous faire réussir; tant d'efforts n'ont pas toujours été inutiles, car combien d'entre vous doivent à sa direction si éclairée, à son dévouement si actif, ce qu'ils sont devenus.

Cette affluence d'amis qui entourent cette tombe, est une preuve de plus des regrets qu'il laisse sur cette terre.

Oui, cher et digne Frère Hellouin, les pleurs de cette foule qui m'environne donneront à ceux qui vont continuer votre tâche, tâche dont les derniers jours vous ont été rendus si pénibles, le courage de continuer votre œuvre, avec le zèle que vous y avez toujours apporté.

Que votre belle âme, bien aimé maître, monte au séjour des élus, et qu'elle prie Dieu de nous rendre dignes un jour de prendre place à côté d'elle.

Adieu, bien aimé et regretté Frère Hellouin, votre souvenir restera à jamais vivant dans nos cœurs, et les conseils que vous nous avez souvent donnés seront toujours présents à notre mémoire, pour nous aider à supporter les misères de la vie et nous donner comme vous le bonheur un jour de faire une bonne mort.

Adieu !

Le jour même, quelques amis et anciens élèves du Frère Hellouin pensèrent qu'il était bon de marquer la place où reposait celui qui avait tant fait pour son pays d'adoption. Un comité de dix membres fut immédiatement constitué et une souscription fut ouverte pour l'achat d'une concession perpétuelle et l'érection d'un monument qui puisse être le témoignage matériel de la reconnaissance de tous les cœurs.

En quelques jours la souscription donna les meilleurs résultats. Les offrandes, nombreuses et toutes spontanées, affluèrent entre les mains des membres du comité. Elles s'élevèrent en peu de jours à la somme de 2,743 francs.

Le monument, en lave de Volvic, qui se dresse

aujourd'hui dans notre cimetière, rappelle par sa simplicité l'homme humble dont il protège les restes ;
de même que la grande croix voilée qui en fait le
principal ornement donne à ce tombeau le caractère
religieux qui indique bien que le sentiment chrétien
fut l'inspirateur et le guide de toute l'existence du
Frère Hellouin.

Imprimerie Watel et Allezard, à Brioude (Haute-Loire).

SOUSCRIPTION

POUR LE MONUMENT DU FRÈRE HELLOUIN

COMITÉ

MM. BAUDOUIN, ancien percepteur ;
BOUÉRY, ingénieur des Arts et Manufactures ;
BOYER, banquier ;
COUPE, notaire ;
DÉJAX Henri, boucher ;
FAUCHER, propriétaire-cultivateur ;
FLEURY, négociant ;
GRENIER, avocat ;
LESPINASSE, confiseur ;
VACHER, pharmacien.

SOUSCRIPTEURS

Reliquat de la 1re souscription faite en ville, 199 fr. —
MM. Baudouin, ancien percepteur, 40 fr. — Bouéry,
ingénieur, 50 fr. — Boyer, banquier, 20 fr. — Coupe,
notaire, 20 fr. — Déjax Henri, boucher, 10 fr. — Faucher,
propriétaire, 10 fr. — Fleury, négociant, 10 fr. — Lespinasse, confiseur, 10 fr. — Vacher, pharmacien, 20 fr.
— Grenier, avocat, 20 fr. — Grenier père, notaire hono-
raire, 20 fr. — Paul Barse (par M. Nouhen, 5 fr. —
Sabatier, employé à la voie, 10 fr. — Chanteloube, 5 fr.
— Un ami des Frères, 10 fr. — Id., 2 fr. — Miaille-
Achon, 5 fr. — Delair, huissier, 10 fr. — Un ancien élève,
5 fr. — L'abbé Souligoux, 2 fr. — Anonyme, 5 fr. — Vital
Allègre, expert, 10 fr. — Grenier Jules, 5 fr. — Anonyme,
20 fr. — Un ancien élève, 20 fr. — Pradier-Faurot, 5 fr.
Anonyme, 1 fr. — Id., 10 fr. — Id., 10 fr. — G. Dubac,
5 fr. — Sauveur Casati, à Barlières, 50 fr. — Jean Casati,
à Brioude, 30 fr. — Roux, coiffeur, 2 fr. — Dauzat, pharmacien, 10 fr. — Robert Henri, 10 fr. — Besson Jules
(barraque de Lamothe), 5 fr. — Ch. Vacher, employé des
télégraphes, 10 fr. — Gilbert, distillateur, 5 fr. — Blanc-
Roussel, 3 fr. — Anonyme, 20 fr. — Id., 10 fr. — Mon-
talban, juge, 10 fr. — Rochette, ancien sous-préfet, 10 fr.
— Fargin, ex-brigadier forestier, 2 fr. — Déjax père,
boucher, 5 fr. — Varenne, ferblantier, 2 fr. — Labrot,
maçon, 2 fr. — Brunereau, avoué, 10 fr. — Aimé Brunereau, 10 fr. — Valeix Jules, 10 fr. — A. B., 10 fr. —

Anonyme, 10 fr. — Id., 10 fr. — Id., 10 fr. — Lacombe Henri, à Clermont, 10 fr. — Paul Vallat, 10 fr. — Chauvet, à Lubières, 2 fr. — Fontanon Francisque, 10 fr. — Sicard Louis, 4 fr. — Cousergues, 5 fr. — Guignabert Auguste, 1 fr. — Anonyme, 2 fr. — Id., 5 fr. — Sicard Pierre, 5 fr. — Virat Ferdinand, à La Motte Saint-Martin (Isère), 20 fr. — Geneste Hippolyte, aux Buttarias, commune de La Motte-Saint-Martin (Isère), 10 fr. — Penide Jean, à Fontanes, 5 fr. — Cavard Jean, à Fontanes, 5 fr. — M. et Mme Vidal fils cadet, 20 fr. — Mlle Bébelle Vidal, 5 fr. — Mlle Blanche Vidal, 5 fr. — Mlle Rapatel, 3 fr. — Mme Raynard, 2 fr. — Mlle Marie Varenne, 1 fr.

MM. Grenier Pierre, passementier à Brassac, 5 fr. — Suttel Georges, à Evian (Haute-Savoie), 20 fr. — Anonyme, 5 fr. — Id., 1 fr. — Lafon, maréchal-des-logis de gendarmerie en retraite, 5 fr. — Boudon Edouard, à Brassac, 15 fr. — Challier-Taillechausse, 1 fr. — Anonyme, 2 fr. — De Douhet, 20 fr. — Blanc Maurice, avoué, 20 fr. — Denier Louis, 20 fr. — Reynaud, avocat, 20 fr. — Anonyme, 3 fr. — Bayle, notaire à Saint-Germain-l'Herm, 5 fr. — Un ancien Elève des Frères, 5 fr. — Allezard, propriétaire à Lamothe, 5 fr. — Un Curé, ancien élève du Frère Hellouin (diocèse d'Angoulème), 3 fr. — Docteur Vernière, à Estrées-Saint-Denis (Oise), 10 fr. — Bacquet Mathieu, libraire au Puy, 30 fr. — Mazel Jean, à Lamothe, 5 fr. — Baron de Romeuf, à Lavoûte-Chilhac, 10 fr. — Dusaux Alfred, à Mécrin (Meuse), 2 fr. — Estival-Chantel, 2 fr. — Martel-Arnault, 5 fr. — Dorel fils, 10 fr. — Davanture, huissier, 5 fr. — Soule Henri, boulanger, 5 fr. — Léon Tixier, à Issoire, 5 fr. — Charles de Croze, à Chassaigne, 25 fr. — Comte de Morteuil, à Chilhac, 10 fr. — Docteur Pouget-Andrieux, 10 fr. — L'abbé Mordedeuf, vicaire à Lempdes, 5 fr. — Chanony, à Marseille, 10 fr. — Anglisson père et fils, 20 fr. — Gourbeyre, 20 fr. — Boudet, sous-lieutenant au 14e de ligne, à Brives (Creuse), 5 fr. — A. S.. ancien élève, 5 fr. — Gustave Heraud, 20 fr. un ancien Elève, 20 fr. — Anglade, serrurier, 5 fr. — Anonyme, 2 fr. — Bouquet Jean, à Ladignat (commune de Saint-Just), 5 fr. — Tavernier, principal clerc de notaire, 5 fr. — E. Fouret, comptable à Mègecoste, 8 fr. — J. Chassagnon, employé à Mègecoste, 5 fr. — Faugère Alfred, employé à Mègecoste, 5 fr. — B. H., ancien élève, 10 fr. — Charles Raynaud, confiseur, 5 fr. — Mme Besson, 5 fr. — Mme X., 5 fr. — Mlle X., 10 fr. — Paul Le Blanc, 5 fr. — Docteur Chalvignac, 10 fr. — Un ancien Elève, 2 fr. — Taillebot, cafetier à Fontannes, 5 fr. — Anonyme, 10 fr. — B. N., ancien élève, 5 fr. — Facy Antoine, 10 fr. — Preyssat-Faucher, 5 fr. — Faucher Jacques, 2 fr. 50. — Gravière, employé à la voie, 5 fr. — Martel Jean, 5 fr. — Le comte et la comtesse de Pontgibaud, 50 fr. — Vallat, fer-

blantier, 5 fr. — Ollier, à Commentry (Allier), 5 fr. —
Alfred Watel, imprimeur, 5 fr. — J. Vilatte fils, 5 fr. —
Touchebeuf, avo at, 10 fr.

MM. Francolon Gustave, 5 fr. — Valeix Jules, 5 fr. —
Biffe Alfred, au Pouget, 5 fr. — Hermet Hippolyte, au
Pouget, 5 fr. — Bories, 5 fr. — Ch. Foncès Casati, ingénieur civil à Albi (Tarn), 20 fr. — Chouzy-Virat, indus-
triel, 5 fr. — Jules Denier, 20 fr. — Lamothe-Mazet, 2 fr.
— Fournier-Latouraille père et fils, 10 fr. — Marcon Jean,
à Vieille-Brioude, 2 fr. — Vincent Boyoud, 30 fr. — Saby,
expert à Chaniat, 10 fr. — Farnier Eugène, menuisier, 3 f.
— J. C. ancien élève, 10 fr. — Dufour aîné, 5 fr. — Tixier-
Varenne, 5 fr. — Docteur Badoz, 20 fr. — Dufayet Marius,
5 fr. — Flory Maurice, commis des télégraphes à Latour-
du-Pin, 5 fr. — Lamothe-Chalier, 3 fr. — Sylvain, café
Saint-Laurent, 5 fr. — Chouvet Philippe, à Bournoncle-
Saint-Julien, 5 fr. — Nothon, chargé de l'entretien du matériel aux Forges de l'Horm, 10 fr. — Dauphin-Fontanon,
10 fr. — Belmont Frédéric, 10 fr. — L'abbé Delherme,
vicaire à Chanteuges, 10 fr. — Brossel Jean, à Vienne
(Isère), 10 fr. — Louis Virat, à Paris, 3 fr. — Portanier
père et fils, passementiers à Brassac, 20 fr. — Léon Chaix,
à Arvant, 5 fr. — Anonyme, 5 fr. — Brunel, agent d'af-
faires, 3 fr. — Freydefond, propriétaire à Fontannes, 10 f.
— L'abbé de Pélacot, vicaire général au Puy, 20 fr. —
H. Prulière, hôtel de l'Europe, au Puy, 20 fr. — Touchebeuf Tony, ancien sous-préfet, 10 fr. — Admiral, sous-lieutenant au 16e chasseurs, 6 fr. — Etienne et Gabriel Mai-
sonneuve, 5 fr. — Cavard, sous-chef de section à Evian
(Haute-Savoie), 10 fr. — Geneste Jules, 10 fr. — Saphin
Antoine, à Paulhac, 3 fr. — Georges Delomenède, à Ja-
zindes, 10 fr. — Hermet-Delanef, 5 fr. — Louise Grenier,
veuve Lamothe, 2 fr. — Anonyme, 5 fr. — Pialoux-Say,
2 fr. — Un Père de famille forain, 10 fr. — Un ancien
Elève des Frères, 5 fr. — Chauliac fils, 5 fr. — Jules Briat,
à Passy-Paris, 10 fr. — L'abbé Vigerie, vicaire à la cathé-
drale du Puy, 10 fr. — Chazel Louis, à Flaghac, 2 fr. —
Roussel, à Censac, près Paulhaguet, ancien élève, 2 fr.

MM. Montel, avoué, 10 fr. — De Cisternes, notaire, 20
fr. — Ch. Garnaud, garde-barrière à Brioude, ancien élève
du Frère Hellouin, 1 fr. — L'abbé Curabet, curé de Vieille-
Brioude, 10 fr. — Etienne Dufour, à Rilhac, 5 fr. — Septin,
2 fr. — Taillebot Jean, à Lugeac, 5 fr. — Adrien Bartho-
meuf, 4 fr. — Ernest Lacombe, à Lamothe, 5 fr. — De
Kergorlay, député, 10 fr. — Barreyre, ancien élève, 5 fr.
— Gaillard Antoine, à Clermont-Ferrand, 10 fr. — Ven-
dage, épicier, 2 fr. — Pagès-Bertin, boulanger, 5 fr. —
Fontanon-Say, 3 fr. — De Veyrines, propriétaire à Paulhaguet, 5 fr. — Famille Lagrange, à Saint-Beauzire, 5 fr. —
Bertrand-Lamothe, jardinier, 5 fr. — Courmaire Albert,

2 fr. — Gibelin fils, à Brassac, 5 fr. — J. Portalier, 2 fr.
— Gustave Meunier, 3 fr. — Alphonse Delpeux, 5 fr. —
Igonel Antoine, à Vieille-Brioude, 2 fr. — Vallier, retraité,
2 fr. — Carnus Antoine, 5 fr. — Girard-Martel, 3 fr. —
Martin, architecte à Ambert, 5 fr. — M. X., 20 fr. —
Celaire Pierre, à la Prunaire, 5 fr. — Jacottet-Lamothe,
5 fr. — F. A., à Clermont-Ferrand, 50 fr. — Henri Flo-
raud, tapissier, 5 fr. — G. Preyssat, employé à la Com-
belle, 5 fr. — Terrasse-Varenne, 5 fr. — Sauvadet fils
jeune, 3 fr. — Sadourny, 5 fr. — Frédéric Jouvinroux-
Borel, 5 fr. — Meindre, 3 fr. — Sauvadet-Vendage, 3 fr.
— Jules Tourette, ancien élève, 5 fr. — M. V., ancien
élève, 5 fr. — A. Bourbonnot, 5 fr. — A. Marspoil, 20 fr.
— Julien Martel, 5 fr. — Pierre Bertrand, 5 fr. — Un
ancien Elève, 10 fr. — Davanture, serrurier, 2 fr. — Louis
Sausse, 2 fr. — Martin, à Arvant, 2 fr. — Henri Huguet,
10 fr. — Michel Sabatier, 5 fr. — Léon Masset, 5 fr. —
Verdier, huissier, 5 fr. — J. Marchaud, à Lamothe, 5 fr.

MM. Sanvoisin, conducteur de la voie à Langeac, 10 fr.
— Amable Voisin, à Chassagne, 2 fr. — Amable Roustide,
à Chassagne, 2 fr. — L'abbé Virat, curé à Saint-Julien-
des-Chazes, 10 fr. — Fruget-Dorel, 5 fr. — Anonyme, 5
fr. — Famille Fontès à Entremont, 4 fr. — Chapaveyre,
à Entremont, 2 fr. — Un ancien Elève, 1 fr. — Courmaire
Pierre, 2 fr. — M. X., à Paris, 10 fr. — Pradin Eugène, à
Paris, 6 fr. — Jules Merle, entrepreneur à Rennes, 10 fr.
— Guignabert Francisque, 2 fr. — Pagès, épicier, 4 fr. —
Besson-Portal, 2 fr. — Anonyme, 2 fr. — Allirol Edouard,
2 fr. — Beauger Pierre, 50 c. — Hyvernoux Jean, 3 fr. —
Astier, expert à Clermont, 10 fr. — N. E., ancien élève,
5 fr. — Mme Cartier, 10 fr. — Philippe Batisse, 5 fr. —
Sabatier Antonin, 2 fr. — Taillebot-Soulier, 5 fr. — Lau-
rençon Jules, à Bournoncle, 2 fr. — Fédit Régis, 5 fr. —
André Faurot, à la Chomette, 20 fr. — Triouillier, entre-
preneur au Saillan (Cantal), 10 fr. — Quintin, conducteur
à Lacanau-Médoc (Gironde), 10 fr. — Curabet Antoine, à
Bournoncle, 10 fr. — Le commandant Viret, 40 fr. — Une
Anonyme, 50 fr. — Une Anonyme, 10 fr.

Total de la Souscription	2743^f	»
Achat d'une concession et demie.	558	45
Monument	2000	»
Total des dépenses	2558	45
	184^f	55

184 fr. 55 sont destinés à couvrir les frais de la photographie du
Monument et de l'impression de notre Biographie.

Imp. Watel et Allezard, à Brioude.

www.ingramcontent.com/pod-product-compliance
Ingram Content Group UK Ltd.
Pitfield, Milton Keynes, MK11 3LW, UK
UKHW031714170726
13836UKWH00001B/218